大方廣佛華嚴經 寫經

56

🪷 일러두기

1. 『사경본 한글역 대방광불화엄경』은 『독송본 한문·한글역 대방광불화엄경』에 수록된 한글역을 사경하는 데 편의를 도모하기 위해 편집을 달리하여 간행한 것이다.

2. 『독송본 한문·한글역 대방광불화엄경』은 실차난타가 한역(695~699)한 80권 『대방광불화엄경』의 한문 원문과 한글역을 함께 수록한 것이다. 한문 저본은 고종 2년(1865) 월정사에서 인경한 고려대장경 『대방광불화엄경』이다.

3. 한글 번역은 동국역경원에서 발간한 한글 『대방광불화엄경』(운허)을 중심으로 하고 『신화엄경합론』(탄허)과 『대방광불화엄경 강설』(여천무비) 그리고 최근의 여타 번역본 등을 참조하였다.

4. 한글 번역은 독송과 사경을 위하여 정확성과 아울러 가독성을 고려하였다. 극존칭은 부처님과 불경계에 대해서만 사용하였다.

5. 사경본의 차례는 일러두기 → 한글역 본문 → 화엄경 목차 → 간행사이며 80권 『대방광불화엄경』의 권별 목차 순으로 독송본과 함께 간행한다. (법공양판에는 간행사 다음에 간행불사 동참자를 밝혀두었다.)

사경본 한글역

대방광불화엄경 제56권

38. 이세간품 [4]

수미해주

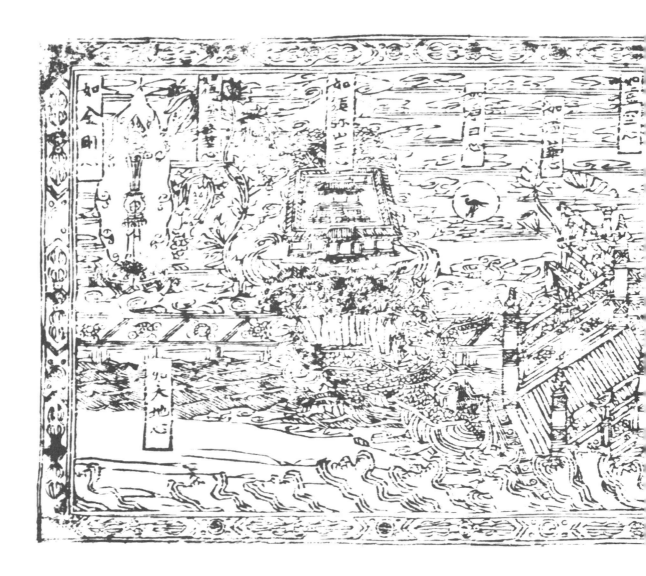

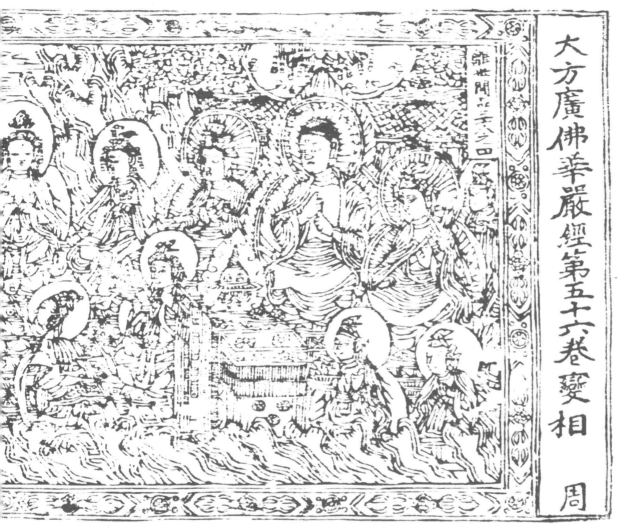

大方廣佛華嚴經第五十六卷變相
周

대방광불화엄경 제56권 변상도

대방광불화엄경
제56권

38. 이세간품 [4]

——————— 은(는) 『대방광불화엄경』을
사경하는 인연공덕으로
『화엄경』이 널리 유통되고
우리 모두 다함께 보리 이루기를 발원하옵니다.

대방광불화엄경
제56권

38. 이세간품 [4]

"불자들이여, 보살마하살이 열 가지 걸림 없는 작용이 있다.

무엇이 열인가?

이른바 중생에 걸림 없는 작용과, 국토에 걸림 없는 작용과, 법에 걸림 없는 작용과, 몸에 걸림 없는 작용과, 원에 걸림 없는 작용과, 경계에 걸림 없는 작용과, 지혜에 걸림 없는 작용과, 신통에 걸림 없는 작용과, 위신력에 걸림 없는 작용과, 힘에 걸림 없는 작용이다.

불자들이여, 무엇이 보살마하살의 중생 등에 걸림 없는 작용인가?

불자들이여, 보살마하살이 열 가지 중생에 걸림 없는 작용이 있다.

무엇이 열인가?

이른바 일체 중생이 중생 없음을

아는 걸림 없는 작용과, 일체 중생이 다만 생각으로 유지되는 것임을 아는 걸림 없는 작용이다.

일체 중생을 위하여 법을 설함에 일찍이 때를 잃지 않는 걸림 없는 작용과, 일체 중생계를 널리 변화하여 나타내는 걸림 없는 작용이다.

일체 중생을 한 모공에 두되 비좁지 않은 걸림 없는 작용과, 일체 중생을 위하여 다른 방소의 일체 세계를 나타내 보여서 그들로 하여금 모두 보게 하는 걸림 없는 작용이다.

일체 중생을 위하여 제석과 범천과 호세사천왕과 모든 하늘 몸을 나타내 보이는 걸림 없는 작용과, 일체 중생을 위하여 성문과 벽지불의 고요한 위의를 나타내 보이는 걸림 없는 작용이다.

일체 중생을 위하여 보살행을 나타내 보이는 걸림 없는 작용과, 일체 중생을 위하여 모든 부처님 색신의 상호와 일체지의 힘과 평등하고 바른 깨달음 이룸을 나타내 보이는 걸림 없는 작용이다.

이것이 열이다.

불자들이여, 보살마하살이 열 가지 국토에 걸림 없는 작용이 있다.
무엇이 열인가?
이른바 일체 세계로 한 세계를 만드는 걸림 없는 작용과, 일체 세계를 한 모공에 넣는 걸림 없는 작용이다.

일체 세계가 다함없음을 아는 걸림 없는 작용과, 한 몸이 결가부좌하여 일체 세계에 충만한 걸림 없는 작용이다.

한 몸 가운데 일체 세계를 나타내
는 걸림 없는 작용과, 일체 세계를
진동하되 중생들이 두렵게 하지 않
는 걸림 없는 작용이다.

일체 세계의 장엄거리로 한 세계를
장엄하는 걸림 없는 작용과, 한 세계
의 장엄거리로 일체 세계를 장엄하
는 걸림 없는 작용이다.

한 여래의 한 대중모임으로 일체
부처님의 세계에 두루하여 중생들을
나타내 보이는 걸림 없는 작용이다.

일체 작은 세계와 중간 세계와 큰

세계와 넓은 세계와 깊은 세계와 잦혀진 세계와 엎어진 세계와 기울어진 세계와 반듯한 세계가 모든 방위 그물에 두루하여 한량없이 차별함을, 이로써 일체 중생에게 널리 보이는 걸림 없는 작용이다.

이것이 열이다.

불자들이여, 보살마하살이 열 가지 법에 걸림 없는 작용이 있다.

무엇이 열인가?

이른바 일체 법이 한 법에 들어가

고 한 법이 일체 법에 들어감을 알되, 또한 중생의 마음으로 이해함을 어기지 않는 걸림 없는 작용과, 반야바라밀을 좇아 일체 법을 내어 다른 이를 위하여 설해서 모두 깨닫게 하는 걸림 없는 작용이다.

일체 법이 문자를 여읨을 알되 중생들이 다 깨달아 들어가게 하는 걸림 없는 작용과, 일체 법이 한 모양에 들어감을 알되 한량없는 법의 모양을 능히 연설하는 걸림 없는 작용이다.

일체 법이 말을 여읜 줄을 알되 능히 다른 이를 위하여 가없는 법문을 설하는 걸림 없는 작용과, 일체 법에 넓은 문의 글자 바퀴를 잘 굴리는 걸림 없는 작용이다.

일체 법을 한 법문에 넣되 서로 어기지 아니하여 말할 수 없는 겁 동안 설하여도 끝까지 다하지 않는 걸림 없는 작용과, 일체 법을 부처님 법에다 넣어서 모든 중생들이 모두 깨달아 알게 하는 걸림 없는 작용이다.

일체 법이 끝이 없음을 아는 걸림

없는 작용과, 일체 법이 장애의 경계가 없음이 마치 요술 그물처럼 한량없이 차별함을 알고 한량없는 겁 동안 중생들을 위하여 설하되 끝까지 다하지 않는 걸림 없는 작용이다.

이것이 열이다.

불자들이여, 보살마하살이 열 가지 몸에 걸림 없는 작용이 있다.

무엇이 열인가?

이른바 일체 중생의 몸을 자기의 몸에 넣는 걸림 없는 작용과, 자기의 몸을 일체 중생의 몸에 넣는 걸림 없는 작용이다.

일체 부처님의 몸이 한 부처님의 몸에 들어가는 걸림 없는 작용과, 한 부처님의 몸이 일체 부처님의 몸에 들어가는 걸림 없는 작용이다.

일체 세계가 자기의 몸에 들어가는 걸림 없는 작용과, 한 몸으로 일체 삼세의 법에 가득하여 중생들에게 나타내 보이는 걸림 없는 작용이다.

한 몸에 가없는 몸을 나타내 보여

삼매에 들어가는 걸림 없는 작용과, 한 몸에 중생들의 수효와 같은 몸을 나타내 보여 바른 깨달음을 이루는 걸림 없는 작용이다.

일체 중생의 몸에 한 중생의 몸을 나타내고 한 중생의 몸에 일체 중생의 몸을 나타내는 걸림 없는 작용과, 일체 중생의 몸에 법의 몸을 나타내 보이고 법의 몸에 일체 중생의 몸을 나타내 보이는 걸림 없는 작용이다.

이것이 열이다.

불자들이여, 보살마하살이 열 가지 원에 걸림 없는 작용이 있다.

무엇이 열인가?

이른바 일체 보살의 원으로 자기의 원을 만드는 걸림 없는 작용과, 일체 부처님의 보리를 이루는 원력으로 스스로 바른 깨달음 이룸을 나타내 보이는 걸림 없는 작용이다.

교화할 바 중생들을 따라서 스스로 아뇩다라삼먁삼보리를 이루는 걸림 없는 작용과, 일체 끝없는 겁에 큰 원이 끊어지지 않는 걸림 없는 작용이다.

식의 몸을 멀리 여의고 지혜의 몸에 집착하지 아니하여 자재한 원으로 일체 몸을 나타내는 걸림 없는 작용과, 자기의 몸을 버리고 다른 이의 원을 이루어 원만하게 하는 걸림 없는 작용이다.

일체 중생을 널리 교화하여 큰 원을 버리지 않는 걸림 없는 작용과, 일체 겁에 보살행을 행하여 큰 원이 끊이지 않는 걸림 없는 작용이다.

한 모공에서 바른 깨달음 이룸을

나타내고 원력인 까닭으로 일체 모든 부처님 국토에 두루 가득하여, 말할 수 없이 말할 수 없는 세계에서 낱낱 중생을 위하여 이와 같이 나타내 보이는 걸림 없는 작용이다.

한 구절의 법을 설하되 일체 법계에 두루하여 크고 바른 법의 구름을 일으키며, 해탈의 번개 빛을 밝히며, 진실한 법의 우레 소리를 떨치며, 감로 맛의 비를 내리어, 큰 서원의 힘으로 일체 모든 중생계를 흡족케 하는 걸림 없는 작용이다.

이것이 열이다.

불자들이여, 보살마하살이 열 가
지 경계에 걸림 없는 작용이 있다.
무엇이 열인가?
이른바 법계의 경계에 있으면서 중
생의 경계를 버리지 않는 걸림 없는
작용과, 부처님의 경계에 있으면서
마의 경계를 버리지 않는 걸림 없는
작용이다.
열반의 경계에 있으면서 생사의 경
계를 버리지 않는 걸림 없는 작용과,

일체지의 경계에 들어가되 보살 종성의 경계를 끊지 않는 걸림 없는 작용이다.

고요한 경계에 머무르되 산란한 경계를 버리지 않는 걸림 없는 작용과, 감도 없고 음도 없고 희론도 없고 형상도 없고 자체 성품도 없고 말도 없어서 허공과 같은 경계에 머무르되 일체 중생의 희론 경계를 버리지 않는 걸림 없는 작용이다.

모든 힘과 해탈 경계에 머무르되 일체 모든 방소의 경계를 버리지 않는

걸림 없는 작용과, 중생들의 경계 없
는 경계에 들어가되 일체 중생 교화
하기를 버리지 않는 걸림 없는 작용
이다.

선정과 해탈과 신통과 밝은 지혜와
고요한 경계에 머무르되 일체 세계에
태어남을 나타내 보이는 걸림 없는
작용과, 여래의 일체 행으로 장엄한
바른 깨달음을 이룬 경계에 머무르
되 일체 성문과 벽지불의 고요한 위
의를 나타내는 걸림 없는 작용이다.

이것이 열이다.

불자들이여, 보살마하살이 열 가지 지혜에 걸림 없는 작용이 있다.

무엇이 열인가?

이른바 다함없는 변재의 걸림 없는 작용과, 일체를 모두 지니어 잊어버리지 않는 걸림 없는 작용이다.

일체 중생의 모든 근성을 분명하게 알고 분명하게 설하는 걸림 없는 작용과, 한 생각 동안에 걸림 없는 지혜로 일체 중생 마음의 행하는 바를 아는 걸림 없는 작용이다.

일체 중생의 욕락과 수면과 습기와

번뇌의 병을 알아서 마땅함을 따라 약을 주는 걸림 없는 작용과, 한 생각에 여래의 열 가지 힘에 능히 들어가는 걸림 없는 작용이다.

걸림 없는 지혜로 삼세의 일체 겁과 그 가운데 중생들을 아는 걸림 없는 작용과, 생각생각 가운데 바른 깨달음 이룸을 나타내어 중생들에게 나타내 보이되 끊어짐이 없는 걸림 없는 작용이다.

한 중생의 생각에서 일체 중생의 업을 아는 걸림 없는 작용과, 한 중생의 음성에서 일체 중생의 말을 이해하는 걸림 없는 작용이다.

이것이 열이다.

불자들이여, 보살마하살이 열 가지 신통에 걸림 없는 작용이 있다.

무엇이 열인가?

이른바 한 몸에 일체 세계의 몸을 나타내 보이는 걸림 없는 작용과, 한 부처님의 대중모임에서 일체 부처님의 대중모임 가운데 설하시는 바 법을 듣는 걸림 없는 작용이다.

한 중생의 마음 생각 속에서 말할 수 없는 위없는 보리를 성취하여 일체 중생의 마음을 깨닫게 하는 걸림 없는 작용과, 한 음성으로 일체 세계의 차별한 음성을 나타내어 모든 중생들로 하여금 각각 분명히 알게 하는 걸림 없는 작용이다.

한 생각 가운데서 앞 시절의 일체 겁을 다하도록 있던 바 업과 과보가 갖가지로 차별함을 나타내어 모든 중생들로 하여금 모두 알고 봄을 얻게 하는 걸림 없는 작용과, 한 미진

에서 광대한 부처님 세계의 한량없
는 장엄을 내는 걸림 없는 작용이다.

일체 세계로 하여금 장엄을 구족하
게 하는 걸림 없는 작용과, 일체 삼
세에 널리 들어가는 걸림 없는 작용
이다.

큰 법의 광명을 놓아 일체 모든 부
처님의 보리와 중생들의 행과 원을
나타내는 걸림 없는 작용과, 일체 천
신과 용과 야차와 건달바와 아수라
와 가루라와 긴나라와 마후라가와
제석과 범천과 호세사천왕과 성문과

독각과 보살의 있는 바 여래의 십력
과 보살의 선근을 잘 수호하는 걸림
없는 작용이다.

이것이 열이다.

만약 모든 보살들이 이 걸림 없는
작용을 얻으면 곧 능히 일체 부처님
법에 널리 들어간다.

불자들이여, 보살마하살이 열 가
지 위신력에 걸림 없는 작용이 있다.

무엇이 열인가?

이른바 말할 수 없는 세계를 한 티

끌 속에 두는 걸림 없는 작용과, 한 티끌 속에 법계와 동등한 일체 부처님 세계를 나타내는 걸림 없는 작용이다.

일체 큰 바닷물을 한 모공에 두어서 시방세계를 두루 돌면서 가고 오되 중생들에게 닿아서 번거로운 바가 없는 걸림 없는 작용과, 말할 수 없는 세계를 자기의 몸 속에 넣어서 일체 신통으로 짓는 바를 나타내 보이는 걸림 없는 작용이다.

한 털로써 셀 수 없는 금강위산을

얽어매어 지니고 일체 세계를 유행하
되 중생들로 하여금 두려운 마음을
내지 않게 하는 걸림 없는 작용과,
말할 수 없는 겁으로 한 겁을 만들고
한 겁으로 말할 수 없는 겁을 만들어
그 가운데서 이루어지고 무너지는
차별을 나타내 보이되 중생들로 하
여금 마음에 두려움이 있지 않게 하
는 걸림 없는 작용이다.

일체 세계에서 물과 불과 바람의
재앙으로 갖가지 변괴를 나타내되
중생들을 괴롭게 하지 않는 걸림 없

는 작용과, 일체 세계가 세 가지 재앙으로 무너질 때에 일체 중생의 살림살이 도구들을 모두 능히 보호하여 지켜서 줄어들지 않게 하는 걸림 없는 작용이다.

한 손으로 부사의한 세계를 잡아 말할 수 없는 세계의 밖으로 던지되 중생들로 하여금 놀라고 두려워하는 생각이 있지 않게 하는 걸림 없는 작용과, 일체 세계가 허공과 같음을 설하여 모든 중생들로 하여금 모두 깨달아 알게 하는 걸림 없는 작용이다.

이것이 열이다.

불자들이여, 보살마하살이 열 가
지 힘에 걸림 없는 작용이 있다.
무엇이 열인가?
이른바 중생들의 힘에 걸림 없는
작용이니 교화하고 조복하여 버리어
여의지 않는 까닭이며, 세계의 힘에
걸림 없는 작용이니 말할 수 없는 장
엄을 나타내 보여 장엄하는 까닭이
다.
법의 힘에 걸림 없는 작용이니 일

체 몸으로 하여금 몸이 없는 데 들어
가게 하는 까닭이며, 겁의 힘에 걸림
없는 작용이니 수행이 끊어지지 않
는 까닭이다.

부처님의 힘에 걸림 없는 작용이니
잠을 깨는 까닭이며, 행하는 힘에 걸
림 없는 작용이니 일체 보살행을 거
두어 취하는 까닭이다.

여래의 힘에 걸림 없는 작용이니
일체 중생을 제도하여 해탈케 하는
까닭이며, 스승 없는 힘에 걸림 없는
작용이니 스스로 일체 모든 법을 깨

닿는 까닭이다.

일체 지혜의 힘에 걸림 없는 작용이니 일체 지혜로써 바른 깨달음을 이루는 까닭이며, 대비의 힘에 걸림 없는 작용이니 일체 중생을 버리지 않는 까닭이다.

이것이 열이다.

불자들이여, 이와 같은 것을 보살마하살의 열 가지 걸림 없는 작용이라 이름한다. 만약 이 열 가지 걸림 없는 작용을 얻는 자가 있으면 아뇩다라삼먁삼보리를 이루거나 이루지 않으려 함을 뜻 따라 어김이 없어서, 비록 바른 깨달음을 이루지만 또한 보살행을 행하는 것을 끊지 않는다. 왜냐하면 보살마하살이 큰 서원을 내어서 가없는 걸림 없는 작용의 문에 들어가서 교묘하게 나타내 보이는 까닭이다.

불자들이여, 보살마하살이 열 가지 유희가 있다.

무엇이 열인가?

이른바 중생의 몸으로써 세계의 몸

을 만들되 또한 중생의 몸을 무너뜨
리지 않는 것이 보살의 유희이며, 세
계의 몸으로써 중생의 몸을 만들되
또한 세계의 몸을 무너뜨리지 않는
것이 보살의 유희이다.

부처님의 몸에서 성문과 독각의 몸
을 나타내 보이되 여래의 몸은 줄어
들지 않는 것이 보살의 유희이며, 성
문과 독각의 몸에서 여래의 몸을 나
타내 보이되 성문과 독각의 몸은 늘
어나지 않는 것이 보살의 유희이다.

보살행 하는 몸에 바른 깨달음을

이루는 몸을 나타내 보이되 또한 보살행 하는 몸은 끊어지지 않는 것이 보살의 유희이며, 바른 깨달음을 이룬 몸에 보살행 닦는 몸을 나타내 보이되 또한 보리를 이루는 몸은 줄어들지 않는 것이 보살의 유희이다.

열반의 세계에 생사의 몸을 나타내 보이되 생사에 집착하지 않는 것이 보살의 유희이며, 생사의 세계에 열반을 나타내 보이되 또한 구경에 열반에 들지 않는 것이 보살의 유희이다.

  삼매에 들어서 가고 머무르고 앉고 눕는 일체 업을 나타내 보이되 또한 삼매의 바르게 받음을 버리지 않는 것이 보살의 유희이다.

  한 부처님 처소에서 법을 듣고 받아 지님에 그 몸은 움직이지 않고, 삼매의 힘으로써 말할 수 없는 모든 부처님의 모임 가운데 각각 몸을 나타내되 또한 몸을 나누지 않으며, 또한 선정에서 일어나지 않으며, 법을 듣고 받아 지님이 계속하여 끊어지지 않는다.

이와 같이 생각생각에 낱낱 삼매의 몸에서 각각 말할 수 없이 말할 수 없는 삼매의 몸을 내며, 이와 같이 차례로 일체 모든 겁은 오히려 끝까지 다하거니와 보살의 삼매의 몸은 끝까지 다하지 않는다. 이것이 보살의 유희이다.

이것이 열이다.

만약 모든 보살들이 이 법에 편안히 머무르면 곧 여래의 위없는 큰 지혜의 유희를 얻는다.

불자들이여, 보살마하살이 열 가
지 경계가 있다.

무엇이 열인가?

이른바 가없는 법계의 문을 나타내
보여서 중생들로 하여금 들어가게
하는 것이 보살의 경계이며, 일체 세
계의 한량없는 미묘한 장엄을 나타
내 보여서 중생들로 하여금 들어가
게 하는 것이 보살의 경계이다.

일체 중생 세계에 변화하여 가서
모두 방편으로 깨우치는 것이 보살
의 경계이며, 여래의 몸에서 보살의

몸을 내고 보살의 몸에서 여래의 몸을 내는 것이 보살의 경계이다.

허공계에서 세계를 나타내고 세계에서 허공계를 나타내는 것이 보살의 경계이며, 생사의 경계에서 열반의 경계를 나타내고 열반의 경계에서 생사의 경계를 나타내는 것이 보살의 경계이다.

한 중생의 말 가운데 일체 부처님 법의 말을 내는 것이 보살의 경계이며, 가없는 몸으로 한 몸을 만들어 나타내고 한 몸으로 일체 차별한 몸을 만드는 것이 보살의 경계이다.

한 몸으로 일체 법계에 충만한 것이 보살의 경계이며, 한 생각 동안에 일체 중생이 보리심을 내어서 각각 한량없는 몸을 나타내어 평등하고 바른 깨달음을 이루게 하는 것이 보살의 경계이다.

이것이 열이다.

만약 모든 보살들이 이 법에 편안히 머무르면 곧 여래의 위없는 큰 지혜의 경계를 얻는다.

불자들이여, 보살마하살이 열 가지 힘이 있다.

무엇이 열인가?

이른바 깊은 마음의 힘이니 일체 세간의 정에 섞이지 않은 까닭이며, 더욱 늘어나는 깊은 마음의 힘이니 일체 부처님 법을 버리지 않는 까닭이다.

방편의 힘이니 모든 짓는 바가 구경인 까닭이며, 지혜의 힘이니 일체 마음 행을 밝게 아는 까닭이다.

서원의 힘이니 일체 구하는 바를

만족하게 하는 까닭이며, 수행의 힘이니 미래제가 다하도록 끊이지 않는 까닭이다.

타는 힘이니 능히 일체 탈 것을 내지만 대승을 버리지 않는 까닭이며, 신통 변화의 힘이니 낱낱 모공 가운데 각각 일체 청정한 세계의 일체 여래께서 세상에 출현하심을 나타내 보이는 까닭이다.

보리의 힘이니 일체 중생으로 하여금 발심하여 성불함을 끊어지지 않게 하는 까닭이며, 법륜을 굴리는 힘이니 한 구절의 법을 설하여도 일체 중생의 모든 근성과 욕구에 모두 맞는 까닭이다.

이것이 열이다.

만약 모든 보살들이 이 법에 편안히 머무르면 곧 모든 부처님의 위없는 일체지의 열 가지 힘을 얻는다.

불자들이여, 보살마하살이 열 가지 두려움 없음이 있다.

무엇이 열인가?

불자들이여, 보살마하살이 모두

일체 말을 능히 들어 지니고 이와 같은 생각을 한다.

'설령 한량없고 가없는 중생들이 있어 시방으로부터 와서 백천 가지 큰 법으로 나에게 물더라도, 나는 그 물음에 조금도 답하기 어려운 모습을 보지 않는다. 보지 않으므로 마음에 두려움 없음을 얻어서 구경에 저 큰 두려움 없는 언덕에 이르며, 그 묻는 바를 따라서 모두 능히 대답하여 그 의혹을 끊고 겁약함이 없다.'

이것이 보살의 첫째 두려움 없음이다.

불자들이여, 보살마하살이 여래께서 관정하시는 걸림 없는 변재를 얻어서 일체 글과 말로 비밀을 열어 보이는 구경의 피안에 이르러 이와 같은 생각을 한다.

'설령 한량없고 가없는 중생들이 있어 시방으로부터 와서 한량없는 법으로 나에게 묻더라도, 나는 그 물음에 조금도 답하기 어려운 모습을 보지 않는다. 보지 않으므로 마음에 두려움 없음을 얻어서 구경에 저 큰 두려움 없는 언덕에 이르며, 그 묻는 바를 따라 모두 능히 대답하여 그 의혹을 끊고 두려움이 없다.'

이것이 보살의 둘째 두려움 없음이다.

불자들이여, 보살마하살이 일체법이 공함을 알아서 '나'를 여의고 '나의 것'을 여의며, 지음도 없고 짓는 자도 없으며, 아는 자도 없으며, 목숨 있는 자도 없으며, 양육하는 자도 없으며, 보가라도 없으며, 온과

계와 처를 여의어 모든 견해를 길이 벗어나 마음이 허공과 같아서 이와 같은 생각을 한다.

'중생들이 조그마한 모습도 나의 몸과 말과 뜻의 업을 능히 해치고 괴롭힘이 있음을 보지 않는다. 왜냐하면 보살은 '나'와 '나의 것'을 멀리 여읜 까닭으로 모든 법에 조그만 성품과 모양이 있음을 보지 않는다. 보지 않으므로 마음에 두려움 없음을 얻어서 구경에 저 큰 두려움 없는 언덕에 이르며, 견고하고 용맹하여 무

너뜨리지 못한다.'

이것이 보살의 셋째 두려움 없음이
다.

불자들이여, 보살마하살이 부처님
의 힘으로 보호하신 바와 부처님의
힘으로 가지하신 바로 부처님의 위
의에 머물러 행하는 바가 진실하여
변하거나 바뀜이 없어서 이와 같은
생각을 한다.

'나는 조그만 위의도 모든 중생들
로 하여금 꾸짖는 모습을 내게 할 것
이 있음을 보지 않는다. 보지 않으

므로 마음에 두려움 없음을 얻어서 대중 가운데서 편안하게 법을 설한다.'

이것이 보살의 넷째 두려움 없음이다.

불자들이여, 보살마하살이 몸과 말과 뜻의 업이 모두 다 청정하여 곱고 희고 부드러워서 온갖 악을 멀리 여의고 이와 같은 생각을 한다.

'나는 스스로 몸과 말과 뜻의 업이 조금도 꾸짖을 만한 모습이 있음을 보지 않는다. 보지 않으므로 마음에

두려움 없음을 얻어서 능히 중생들
로 하여금 부처님의 법에 머무르게
한다.'

이것이 보살의 다섯째 두려움 없음
이다.

불자들이여, 보살마하살을 금강역
사와 천신과 용과 야차와 건달바와
아수라와 제석과 범왕과 사천왕 등
이 항상 따라서 모시고 지키며 일체
여래께서 보호하고 생각하여 버리지
않으시니, 보살마하살이 이와 같은
생각을 한다.

'나는 온갖 마와 외도와 사견 가진 중생들이 능히 와서 나의 보살도 행함을 장애하는 조그만 모습도 있음을 보지 않는다. 보지 않으므로 마음에 두려움 없음을 얻어서 구경에 저 큰 두려움 없는 언덕에 이르며, 환희심을 내어 보살행을 행한다.'

이것이 보살의 여섯째 두려움 없음이다.

불자들이여, 보살마하살이 이미 제일가는 생각의 근본을 성취하여 마음에 잊어버림이 없어서 부처님께서 기뻐하신 바라, 이와 같은 생각을 한다.

'여래께서 설하신 바 보리도를 이루는 문자와 언구의 법을 내가 그 가운데 조금도 잊어버리는 모습이 있음을 보지 않는다. 보지 않으므로 마음에 두려움 없음을 얻어서 일체 여래의 바른 법을 받아 지니어 보살행을 행한다.'

이것이 보살의 일곱째 두려움 없음이다.

불자들이여, 보살마하살이 지혜와

방편을 모두 이미 통달하여 보살의 모든 힘이 다 구경을 얻어서 항상 일체 중생을 부지런히 교화하며 항상 서원하는 마음을 부처님의 보리에 매어두지만 중생들을 가엾게 여기는 까닭이며 중생들을 성취시키려는 까닭으로, 번뇌로 혼탁한 세상에 태어남을 나타내 보이되 종족이 존귀하며 권속이 원만하며 바라는 바가 마음을 좇으며 기뻐하고 즐거워하면서 이 생각을 한다.

'내가 비록 이 권속들과 더불어 모

대방광불화엄경 제56권

38 이세간품 [4]

59

여 있으나 조그만 모습이라도 탐착
하여, 나의 수행하는 선정과 해탈과
그리고 모든 삼매와 총지와 변재의
보살도의 법을 그만둠을 보지 않는
다. 왜냐하면 보살마하살이 일체 법
에 이미 자재함을 얻어 피안에 이르
렀고, 보살행을 닦되 끊어지지 아니
함을 서원하여, 세간에서 한 경계라
도 능히 보살도를 의혹케 하거나 어
지럽게 함이 있는 것을 보지 않는다.
보지 않으므로 마음에 두려움 없음
을 얻어서 구경에 저 큰 두려움 없는

언덕에 이르며, 큰 서원의 힘으로 일체 세계에 태어남을 나타내 보인다.'

이것이 보살의 여덟째 두려움 없음이다.

불자들이여, 보살마하살이 항상 살바야 마음을 잊어버리지 않고 대승을 타서 보살행을 행하여, 일체 지혜의 큰 마음 세력으로 일체 성문과 독각의 고요한 위의를 나타내 보이고, 이 생각을 지어 말한다.

'나는 스스로 이승에서 벗어남을 취하는 조그만 모습도 보지 않는다.

보지 않으므로 마음에 두려움 없음을 얻어서 저 위없고 큰 두려움 없는 언덕에 이르며, 일체 승의 길을 널리 능히 나타내 보이되 구경에 평등한 대승을 만족한다.'

이것이 보살의 아홉째 두려움 없음이다.

불자들이여, 보살마하살이 일체 모든 희고 깨끗한 법을 성취하여 선근을 구족하고 신통을 원만히 하여 구경에 모든 부처님의 보리에 머무르며, 일체 모든 보살행을 만족하고 모

든 부처님 처소에서 일체 지혜와 관
정의 수기를 받고 항상 중생들을 교
화하고 보살도를 행하면서, 이와 같
은 생각을 한다.

'나는 스스로 한 중생도 마땅히 성
숙시킴에 모든 부처님의 자재하심을
능히 나타내어서 성숙시키지 못하는
모습이 있음을 보지 않는다. 보지 않
으므로 마음에 두려움 없음을 얻어
서 구경에 저 큰 두려움 없는 언덕에
이르며, 보살행을 끊지 않고 보살의
원을 버리지 아니하여 마땅히 교화

할 바 일체 중생을 따라서 부처님의 경계를 나타내어 그들을 교화하여 제도한다.'

이것이 보살의 열째 두려움 없음이다.

불자들이여, 이것이 보살마하살의 열 가지 두려움 없음이다. 만약 모든 보살들이 이 법에 편안히 머무르면 곧 모든 부처님의 위없는 큰 두려움 없음을 얻으며 또한 보살의 두려움 없음을 버리지 아니한다.

불자들이여, 보살마하살이 열 가지 함께하지 않는 법이 있다.

무엇이 열인가?

불자들이여, 보살마하살이 다른 이의 가르침을 말미암지 않고 자연히 육바라밀을 닦아 행한다.

항상 크게 보시함을 즐겨하여 아끼는 생각을 내지 않으며, 항상 깨끗한 계를 지니어 범하는 바가 없으며, 인욕을 구족하여 마음이 흔들리지 않으며, 크게 정진함이 있어서 일찍이 물러나지 않으며, 모든 선정에 잘

들어가서 영원히 산란함이 없으며,
지혜를 교묘하게 닦아서 나쁜 소견
을 모두 없앤다.

이것이 첫째 다른 이의 가르침을
말미암지 않고 바라밀의 도를 수순
하여 육바라밀을 닦아 행하는 함께
하지 않는 법이다.

불자들이여, 보살마하살이 널리
일체 중생을 능히 거두어 준다. 이른
바 재물과 법으로써 보시를 행하되
바른 생각이 앞에 나타나며, 온화한
얼굴과 사랑스러운 말로 그 마음이

환희하며, 사실과 같은 이치를 보여 모든 부처님의 보리를 깨달아 알게 하며, 미워하고 싫어함이 없어서 평등히 이익하게 한다.

이것이 둘째 다른 이의 가르침을 말미암지 않고 네 가지 거두어 주는 도를 따라 부지런히 중생들을 거두어 주는 함께하지 않는 법이다.

불자들이여, 보살마하살이 교묘하게 회향한다. 이른바 과보를 구하지 않는 회향과, 부처님의 보리를 수순하는 회향과, 일체 세간의 선정과 삼매에 집착하지 않는 회향과, 일체 중생을 이익하게 하는 회향과, 여래의 지혜를 끊지 않기 위한 회향이다.

이것이 셋째 다른 이의 가르침을 말미암지 않고 모든 중생들을 위하여 선근을 일으켜서 부처님의 지혜를 구하는 함께하지 않는 법이다.

불자들이여, 보살마하살이 매우 교묘한 방편으로 구경의 피안에 이르되 마음은 항상 일체 중생을 다시 돌아보고, 세속 범부의 어리석은 경계를 싫어하지 아니하며, 이승의 벗어나는 길을 좋아하지 않는다.

자기의 즐거움에 집착하지 않고 오직 부지런히 교화하고 제도하되 선정과 해탈에 잘 능히 들어가고 나와서 모든 삼매에 모두 자재함을 얻으며, 생사에 왕래하기를 마치 공원에서 노니는 듯하여 일찍이 잠깐도 피로해하거나 싫어하는 마음을 일으키지 아니하였다.

혹은 마의 궁전에 머무르고 혹은 제석천이나 범왕이나 세간의 주인이 되어 일체 태어나는 곳에서 그 가운데 그 몸을 나타내지 않음이 없다.

혹은 외도 무리 가운데 출가하되 항상 일체 삿된 소견을 멀리 여의며, 일체 세간의 글과 주술과 글자와 도장과 산수와 내지 유희하고 노래하고 춤추는 법을 모두 다 나타내 보이되 정교하지 않음이 없다.

혹 어떤 때는 단정한 부인이 되어 지혜와 재능이 세상에서 제일임을 보이며, 모든 세간과 출세간법을 능히 묻고 능히 말하여 문답으로 의심을 끊어서 다 구경을 얻으며, 일체 세간과 출세간의 일을 또한 모두 통달하여 피안에 이르러서 일체 중생이 항상 와서 우러러본다.

비록 성문이나 벽지불의 위의를 나타내지만 대승의 마음을 잃지 않으며, 비록 생각생각에 바른 깨달음 이룸을 보이나 보살행을 끊지 아니한다.

이것이 넷째 다른 이의 가르침을 말미암지 않고 방편으로 교묘하게 끝까지 피안에 이르는 함께하지 않는 법이다.

불자들이여, 보살마하살이 방편과 실제를 쌍으로 행하는 길을 잘 알아서 지혜가 자재하여 구경에 이른다.

이른바 열반에 머무르되 생사를 나타내 보이며, 중생이 없음을 알되 부지런히 교화를 행하며, 끝까지 고요하되 번뇌 일으킴을 나타내며, 한결같이 굳고 빈틈없는 지혜의 법신에 머무르되 한량없는 모든 중생들의 몸을 널리 나타낸다.

항상 깊은 선정에 들어 있되 욕락 받음을 보이며, 항상 삼계를 멀리 여의되 중생들을 버리지 않으며, 항상 법의 즐거움을 즐기되 채녀들이 있어 노래하고 유희함을 나타낸다.

비록 온갖 상호로 그 몸을 장엄하되 누추하고 빈천한 형상 받음을 보이며, 항상 온갖 착한 일을 쌓고 모아 모든 허물이 없되 지옥과 축생과 아귀에 태어남을 나타낸다.

비록 이미 부처님 지혜의 피안에 이르렀으나 또한 보살의 지혜 몸을 버리지 않는다.

보살마하살이 이와 같은 한량없는

지혜를 성취함을 성문과 독각도 오
히려 알 수 없는데, 어찌 하물며 일
체 어리석은 중생들이겠는가?

이것이 다섯째 다른 이의 가르침을
말미암지 않고 방편과 실제를 쌍으
로 행하는 함께하지 않는 법이다.

불자들이여, 보살마하살이 몸과
입과 뜻의 업이 지혜의 행을 따라 모
두 다 청정하다. 이른바 대자를 갖추
어 죽이려는 마음을 영원히 여의었
으며, 내지 바른 지해를 갖추어 삿된
소견이 없다.

이것이 여섯째 다른 이의 가르침을 말미암지 않고 몸과 입과 뜻의 업이 지혜의 행을 따르는 함께하지 않는 법이다.

불자들이여, 보살마하살이 대비를 갖추어 중생들을 버리지 않고 일체중생을 대신하여 모든 괴로움을 받는다. 이른바 지옥의 괴로움과 축생의 괴로움과 아귀의 괴로움이다. 이익하게 하기 위한 까닭으로 힘들어 하거나 게으름을 피우지 않으며, 다만 오로지 일체 중생을 제도하고 해

탈시키되 일찍이 오욕의 경계에 탐
하여 물들지 아니하고 항상 부지런
히 정진하여 온갖 괴로움을 멸하여
없앤다.

이것이 일곱째 다른 이의 가르침을
말미암지 않고 항상 대비를 일으키
는 함께하지 않는 법이다.

불자들이여, 보살마하살이 항상
중생들이 즐겨 보는 바인 법왕과 제
석과 사천왕 등이 되어 일체 중생이
봄에 만족해 싫어하지 않는다.

왜냐하면 보살마하살이 멀고 오랜

세상으로부터 행하는 업이 청정하여 과실이 없다. 그러므로 중생들이 보는 자가 싫어함이 없다.

이것이 여덟째 다른 이의 가르침을 말미암지 않고 일체 중생이 모두 다 보기를 즐겨하는 함께하지 않는 법이다.

불자들이여, 보살마하살이 살바야를 큰 서원으로 장엄함에 즐겨하는 뜻이 견고하여 비록 범부와 성문과 독각의 험난한 곳에 있어도, 마침내 일체 지혜의 마음이 밝고 깨끗한 미묘한 보배를 잃어버리지 않는다.

불자들이여, 마치 보배 구슬이 있으니 이름이 '깨끗한 장엄'이라, 진흙 속에 두어도 빛이 변하지 않고 능히 탁한 물로 하여금 모두 다 맑고 깨끗하게 하는 것과 같다.

보살마하살도 또한 다시 이와 같아서 비록 어리석은 범부의 섞이어 혼탁한 등의 곳에 있어도 마침내 일체지를 구하는 청정한 보배 마음을 잃지 아니하여, 능히 저 모든 악한 중생들로 하여금 허망한 소견과 번뇌의 더럽고 혼탁함을 멀리 여의고 일체지를 구하는 청정한 마음의 보배를 얻게 한다.

이것이 아홉째 다른 이의 가르침을 말미암지 않고 온갖 어려운 곳에 있어도 일체 지혜의 마음 보배를 잃지 않는 함께하지 않는 법이다.

불자들이여, 보살마하살이 스스로 깨닫는 경계의 지혜를 성취하여, 스승 없이 스스로 깨닫고 끝까지 자재하여 피안에 이르며, 때를 여읜 법 비단을 그 머리에 쓰고 착한 벗을 버

리지 않고 가까이하며, 모든 여래를
항상 즐겨 존중한다.

이것이 열째 다른 이의 가르침을
말미암지 않고 최상의 법을 얻어서
선지식을 떠나지 않으며 부처님을 버
리지 않고 존중하는 함께하지 않는
법이다.

불자들이여, 이것이 보살마하살의
열 가지 함께하지 않는 법이다. 만
약 모든 보살들이 그 가운데 편안히
머무르면 곧 여래의 위없는 광대한
함께하지 않는 법을 얻는다.

불자들이여, 보살마하살이 열 가지 업이 있다.

무엇이 열인가?

이른바 일체 세계의 업이니 모두 능히 깨끗하게 장엄하는 까닭이며, 일체 모든 부처님의 업이니 모두 능히 공양올리는 까닭이며, 일체 보살의 업이니 선근을 함께 심는 까닭이며, 일체 중생의 업이니 모두 능히 교화하는 까닭이다.

일체 미래의 업이니 미래제가 다하도록 거두어 취하는 까닭이며, 일체

위신력의 업이니 한 세계를 떠나지
않고 일체 세계에 두루 이르는 까닭
이며, 일체 광명의 업이니 가없는 색
의 광명을 놓아서 낱낱 광명 가운데
연꽃 자리가 있고 각각 보살들이 결
가부좌하고 있음을 나타내는 까닭이
다.

일체 삼보의 종자가 끊어지지 않
는 업이니 모든 부처님께서 입멸하
신 후에 모든 부처님의 법을 수호하
고 머물러 지니는 까닭이며, 일체 변
화의 업이니 일체 세계에서 법을 설

하여 모든 중생들을 교화하는 까닭이며, 일체 가지하는 업이니 한 생각 동안에 모든 중생들의 마음에 하고자 하는 바를 따라서 다 나타내 보여 일체 원을 모두 원만히 이루게 하는 까닭이다.

이것이 열이다.

만약 모든 보살들이 이 법에 편안히 머무르면 곧 여래의 위없는 광대한 업을 얻는다.

불자들이여, 보살마하살이 열 가

지 몸이 있다.

　무엇이 열인가?

　이른바 오지 않는 몸이니 일체 세간에 태어나지 않는 까닭이며, 가지 않는 몸이니 일체 세간에서 구해도 얻지 못하는 까닭이며, 실답지 않은 몸이니 일체 세간에서 사실대로 얻는 까닭이며, 헛되지 않은 몸이니 사실과 같은 이치로 세간에 보이는 까닭이다.

　다하지 않는 몸이니 미래제가 다하도록 끊어지지 않는 까닭이며, 견고

한 몸이니 일체 온갖 마가 무너뜨릴 수 없는 까닭이며, 움직이지 않는 몸이니 온갖 마와 외도들이 흔들 수 없는 까닭이다.

상호를 구족한 몸이니 청정한 백 가지 복된 모습을 나타내 보이는 까닭이며, 형상이 없는 몸이니 법의 모양이 구경에 모두 형상이 없는 까닭이며, 널리 이르는 몸이니 삼세 부처님과 더불어 동일한 몸인 까닭이다.

이것이 열이다.

만약 모든 보살들이 이 법에 편안

히 머무르면 곧 여래의 위없는 다함
없는 몸을 얻는다.

　불자들이여, 보살마하살이 열 가
지 몸의 업이 있다.
　무엇이 열인가?
　이른바 한 몸이 일체 세계에 가득
한 몸의 업과, 일체 중생의 앞에 모
두 능히 나타내 보이는 몸의 업과,
일체 갈래에 모두 능히 태어나는 몸
의 업과, 일체 세계에 노니는 몸의 업

이다.

일체 모든 부처님의 대중모임에 나아가는 몸의 업과, 능히 한 손으로 일체 세계를 널리 덮는 몸의 업과, 능히 한 손으로 일체 세계의 금강위산을 갈아서 미진같이 부수는 몸의 업이다.

자기 몸 속에 일체 부처님 세계가 이루어지고 무너짐을 나타내어 중생들에게 보이는 몸의 업과, 한 몸으로 일체 중생의 세계를 받아들이는 몸의 업과, 자기 몸 속에 일체 청정한 부처님 세계를 널리 나타내어 일체 중생이 그 가운데서 도를 이루는 몸의 업이다.

이것이 열이다.

만약 모든 보살들이 이 법에 편안히 머무르면 곧 여래의 위없는 부처님의 업을 얻어 모두 능히 일체 중생을 깨우친다.

불자들이여, 보살마하살이 다시 열 가지 몸이 있다.

무엇이 열인가?

이른바 모든 바라밀의 몸이니 모두 바르게 수행하는 까닭이며, 네 가지 거두어 주는 몸이니 일체 중생을 버리지 않는 까닭이며, 대비의 몸이니 일체 중생을 대신하여 한량없는 괴로움을 받으면서도 피로해하거나 싫어함이 없는 까닭이며, 대자의 몸이니 일체 중생을 구호하는 까닭이다.

복덕의 몸이니 일체 중생을 요익하게 하는 까닭이며, 지혜의 몸이니 일체 부처님의 몸과 동일한 성품인 까닭이며, 법의 몸이니 모든 갈래에 태어남을 길이 여읜 까닭이다.

방편의 몸이니 일체 처에서 앞에 나타나는 까닭이며, 위신력의 몸이니 일체 신통 변화를 나타내 보이는 까닭이며, 보리의 몸이니 좋아함을 따르고 때를 따라 바른 깨달음을 이루는 까닭이다.

이것이 열이다.

만약 모든 보살들이 이 법에 편안히 머무르면 곧 여래의 위없는 큰 지혜의 몸을 얻는다.

불자들이여, 보살마하살이 열 가지 말이 있다.

무엇이 열인가?

이른바 부드러운 말이니 일체 중생으로 하여금 다 편안하게 하는 까닭이며, 감로의 말이니 일체 중생으로 하여금 모두 시원하게 하는 까닭이며, 속이지 않는 말이니 있는 바 말이 모두 사실과 같은 까닭이며, 진실한 말이니 내지 꿈속에서도 허망한 말이 없는 까닭이다.

넓고 큰 말이니 일체 제석과 범천

과 사천왕 등이 다 존경하는 까닭이며, 매우 깊은 말이니 법의 성품을 나타내 보이는 까닭이며, 견고한 말이니 법을 설함이 다함없는 까닭이다.

정직한 말이니 말하는 것이 알기 쉬운 까닭이며, 갖가지 말이니 때를 따라 나타내 보이는 까닭이며, 일체 중생을 깨우치는 말이니 그들의 욕락을 따라 밝게 알게 하는 까닭이다.

이것이 열이다.

만약 모든 보살들이 이 법에 편안
히 머무르면 곧 여래의 위없이 미묘
한 말을 얻는다.

불자들이여, 보살마하살이 열 가
지 말의 업을 깨끗이 닦음이 있다.
무엇이 열인가?
이른바 여래의 음성을 듣기 즐겨하
여 말의 업을 깨끗이 닦으며, 보살의
공덕 설함을 듣기 즐겨하여 말의 업
을 깨끗이 닦는다.
일체 중생이 듣기 즐겨하지 않는

말을 말하지 아니하여 말의 업을 깨끗이 닦으며, 진실하게 말의 네 가지 허물을 멀리 여의어 말의 업을 깨끗이 닦는다.

환희롭게 뛰면서 여래를 찬탄하여 말의 업을 깨끗이 닦으며, 여래 탑의 처소에서 높은 소리로 부처님의 여실한 공덕을 찬탄하여 말의 업을 깨끗이 닦는다.

매우 청정한 마음으로 중생들에게 법을 보시하여 말의 업을 깨끗이 닦으며, 음악과 노래로 여래를 찬탄하여 말의 업을 깨끗이 닦는다.

모든 부처님의 처소에서 바른 법을 듣고 몸과 목숨을 아끼지 아니하여 말의 업을 깨끗이 닦으며, 일체 보살과 모든 법사들에게 몸을 바쳐 받들어 섬기고 묘한 법을 받아서 말의 업을 깨끗이 닦는다.

이것이 열이다.

불자들이여, 만약 보살마하살이 이 열 가지 일로써 말의 업을 깨끗하게 닦으면 곧 열 가지 수호함을 얻는다.

무엇이 열인가?

이른바 천왕이 상수가 되어 일체 천상의 대중들이 수호하며, 용왕이 상수가 되어 일체 용의 대중들이 수호한다.

야차왕이 상수가 되고, 건달바왕이 상수가 되고, 아수라왕이 상수가 되고, 가루라왕이 상수가 되고, 긴나라왕이 상수가 되고, 마후라가왕이 상수가 되고, 범왕이 상수가 되어, 낱낱이 다 자기 대중들과 함께 수호한다. 여래법왕이 상수가 되어 일체 법사가 모두 다 수호한다.

이것이 열이다.

불자들이여, 보살마하살이 이 수호함을 얻고는 곧 능히 열 가지 큰 일을 갖추어 이룬다.

무엇이 열인가?

이른바 일체 중생을 다 환희하게 하며, 일체 세계에 다 능히 나아가며, 일체 모든 근기를 다 능히 밝게 알며, 일체 수승한 지해를 모두 청정하게 한다.

일체 번뇌를 다 끊어 없애게 하며, 일체 습기를 다 버려 여의게 하며, 일체 욕락을 다 밝고 깨끗하게 한다.

일체 깊은 마음을 모두 증장하게 하며, 일체 법계에 모두 두루하게 하며, 일체 열반을 널리 분명히 보게 한다.

이것이 열이다.

불자들이여, 보살마하살이 열 가지 마음이 있다.

무엇이 열인가?

이른바 대지와 같은 마음이니 일체 중생의 모든 선근을 능히 유지하여 능히 자라게 하는 까닭이며, 큰 바다와 같은 마음이니 일체 모든 부처님의 한량없고 가없는 큰 지혜의 법의 물이 다 흘러 들어오는 까닭이다.

수미산왕과 같은 마음이니 일체 중생을 출세간에서 가장 높은 선근의 처소에 두는 까닭이며, 마니보배왕과 같은 마음이니 욕락이 청정하여 섞이어 물들지 않는 까닭이다.

금강과 같은 마음이니 결정코 일체
법에 깊이 들어가는 까닭이며, 금강
위산과 같은 마음이니 모든 마와 외
도들이 능히 흔들지 못하는 까닭이
다.

연꽃과 같은 마음이니 일체 세간법
이 능히 물들이지 못하는 까닭이며,
우담발화와 같은 마음이니 일체 겁
중에 만나기 어려운 까닭이다.

맑은 해와 같은 마음이니 어두운
장애를 깨뜨리는 까닭이며, 허공과
같은 마음이니 헤아릴 수 없는 까닭

이다.

이것이 열이다.

만약 모든 보살들이 그 가운데 편안히 머무르면 곧 여래의 위없는 큰 청정한 마음을 얻는다.

불자들이여, 보살마하살이 열 가지 발심이 있다.

무엇이 열인가?

이른바 내가 마땅히 일체 중생을 제도하여 해탈케 하리라는 마음을 내며, 내가 마땅히 일체 중생으로 하

여금 번뇌를 끊어 없애게 하리라는
마음을 낸다.

내가 마땅히 일체 중생으로 하여
금 습기를 소멸하게 하리라는 마음
을 내며, 내가 마땅히 일체 의혹을
끊어 없애리라는 마음을 낸다.

내가 마땅히 일체 중생의 괴로움을
멸하여 없애리라는 마음을 내며, 내
가 마땅히 일체 악도와 모든 어려움
을 멸하여 없애리라는 마음을 낸다.

내가 마땅히 일체 여래를 공경하고
따르리라는 마음을 내며, 내가 마땅

히 일체 보살이 배우는 바를 잘 배우
리라는 마음을 낸다.

　내가 마땅히 일체 세간의 낱낱 털
끝만 한 곳에서 일체 부처님께서 바
른 깨달음 이루심을 나타내리라는
마음을 내며, 내가 마땅히 일체 세계
에서 위없는 법의 북을 쳐서 모든 중
생들로 하여금 그 근기와 욕구를 따
라서 다 깨달음을 얻게 하리라는 마
음을 낸다.

　이것이 열이다.

　만약 모든 보살들이 그 가운데 편

안히 머무르면 곧 여래의 위없는 큰
능한 일을 일으키는 마음을 낸다.

불자들이여, 보살마하살이 열 가
지 두루하는 마음이 있다.
무엇이 열인가?
이른바 일체 허공에 두루하는 마
음이니 뜻을 냄이 광대한 까닭이며,
일체 법계에 두루하는 마음이니 가
없는 곳에 깊이 들어가는 까닭이다.
일체 삼세에 두루하는 마음이니
한 생각에 모두 아는 까닭이며, 일체

부처님께서 출현하시는 데 두루하는 마음이니 태에 들고 탄생하고 출가하고 도를 이루고 법륜을 굴리고 열반에 드심을 모두 분명히 아는 까닭이다.

일체 중생에게 두루하는 마음이니 그 근기와 욕구와 습기를 모두 아는 까닭이며, 일체 지혜에 두루하는 마음이니 법계를 수순하여 밝게 아는 까닭이다.

일체 가없는 데 두루하는 마음이니 모든 요술 그물의 차별함을 아는 까닭이며, 일체 남이 없는 데 두루하는 마음이니 모든 법의 자성을 얻지 못하는 까닭이다.

일체 걸림 없는 데 두루하는 마음이니 자기의 마음과 남의 마음에 머무르지 않는 까닭이며, 일체 자재한 데 두루하는 마음이니 한 생각에 성불함을 널리 나타내는 까닭이다.

이것이 열이다.

만약 모든 보살들이 그 가운데 편안히 머무르면 곧 한량없고 위없는 부처님 법으로 두루 장엄함을 얻는다.

　불자들이여, 보살마하살이 열 가
지 근이 있다.
　무엇이 열인가?
　이른바 환희하는 근이니 일체 부처
님을 친견하고 믿음이 무너지지 않
는 까닭이며, 희망하는 근이니 들은
바 부처님 법을 다 깨달아 아는 까닭
이다.
　물러나지 않는 근이니 일체 짓는
일을 모두 끝까지 하는 까닭이며, 편

안히 머무르는 근이니 일체 보살의 행을 끊지 않는 까닭이다.

미세한 근이니 반야바라밀의 미묘한 이치에 들어가는 까닭이며, 쉬지 않는 근이니 일체 중생의 일을 끝까지 하는 까닭이다.

금강과 같은 근이니 일체 모든 법의 성품을 증득하여 아는 까닭이며, 금강광명 불꽃 근이니 일체 부처님의 경계를 널리 비추는 까닭이다.

차별 없는 근이니 일체 여래가 동일한 몸인 까닭이며, 걸림이 없는 경계의 근이니 여래의 열 가지 힘에 깊이 들어가는 까닭이다.

이것이 열이다.

만약 모든 보살들이 그 가운데 편안히 머무르면 곧 여래의 위없는 큰 지혜가 원만한 근을 얻는다.

불자들이여, 보살마하살이 열 가지 깊은 마음이 있다.

무엇이 열인가?

이른바 일체 세간법에 물들지 않는 깊은 마음과, 일체 이승의 도에 섞이

지 않는 깊은 마음과, 일체 부처님의
보리를 밝게 통달하는 깊은 마음과,
일체지의 지혜의 도를 수순하는 깊
은 마음이다.

일체 온갖 마와 외도의 흔드는 바
가 되지 않는 깊은 마음과, 일체 여
래의 원만한 지혜를 깨끗이 닦는 깊
은 마음과, 일체 들은 바 법을 받아
지니는 깊은 마음과, 일체 태어나는
곳에 집착하지 않는 깊은 마음이다.

일체 미세한 지혜를 구족하는 깊은
마음과, 일체 모든 부처님의 법을 닦

는 깊은 마음이다.

이것이 열이다.

만약 모든 보살들이 그 가운데 편안히 머무르면 곧 일체지의 위없는 청정한 깊은 마음을 얻는다.

불자들이여, 보살마하살이 열 가지 더 느는 깊은 마음이 있다.

무엇이 열인가?

이른바 물러나지 않는 더 느는 깊은 마음이니 일체 선근을 쌓아 모으는 까닭이며, 의혹을 여의는 더 느는 깊은 마음이니 일체 여래의 비밀한 말씀을 아는 까닭이다.

바르게 유지하는 더 느는 깊은 마음이니 큰 원과 큰 행에서 흐르는 바인 까닭이며, 가장 수승한 더 느는 깊은 마음이니 일체 부처님의 법에 깊이 들어가는 까닭이다.

주인이 되는 더 느는 깊은 마음이니 일체 부처님 법에 자재한 까닭이며, 넓고 크게 더 느는 깊은 마음이니 갖가지 법문에 널리 들어가는 까닭이다.

상수가 되는 더 느는 깊은 마음이
니 일체 짓는 바를 갖추어 이루는 까
닭이며, 자재하게 더 느는 깊은 마음
이니 일체 삼매의 신통 변화로 장엄
하는 까닭이다.

편안히 머무르는 더 느는 깊은 마
음이니 본래의 원을 섭수하는 까닭
이며, 쉼 없이 더 느는 깊은 마음이
니 일체 중생을 성숙시키는 까닭이
다.

이것이 열이다.

만약 모든 보살들이 이 법에 편안

히 머무르면 곧 일체 모든 부처님의 위없는 청정한 더 느는 깊은 마음을 얻는다.

불자들이여, 보살마하살이 열 가지 부지런히 닦음이 있다.

무엇이 열인가?

이른바 보시를 부지런히 닦음이니 일체를 모두 버리되 갚음을 구하지 않는 까닭이며, 지계를 부지런히 닦음이니 두타 고행으로 욕심이 적고 만족함을 알아 속이는 바가 없는 까닭이다.

인욕을 부지런히 닦음이니 '나'와 '남'이라는 생각을 떠나 일체 악을 참아서 끝까지 성내거나 해치는 마음을 내지 않는 까닭이며, 정진을 부지런히 닦음이니 몸과 말과 뜻의 업이 일찍이 산란하지 않고 일체 짓는 바에서 다 물러나지 않아 구경에 이르는 까닭이다.

선정을 부지런히 닦음이니 해탈과 삼매와 나타내는 신통으로 일체 욕망과 번뇌와 투쟁의 모든 권속들을 떠나는 까닭이며, 지혜를 부지런히 닦음이니 일체 공덕을 닦아 익히고 쌓아 모으되 싫어하거나 게으름이 없는 까닭이다.

대자를 부지런히 닦음이니 모든 중생들의 자성이 없음을 아는 까닭이며, 대비를 부지런히 닦음이니 모든 법이 공함을 알고 널리 일체 중생을 대신하여 괴로움을 받되 피로해하거나 싫어함이 없는 까닭이다.

여래의 십력 깨달음을 부지런히 닦음이니 걸림이 없음을 밝게 통달하여 중생들에게 보이는 까닭이며, 물러나지 않는 법륜을 부지런히 닦음이니 일체 중생의 마음에 점차 이르는 까닭이다.

이것이 열이다.

만약 모든 보살들이 이 법에 편안히 머무르면 곧 여래의 위없는 큰 지혜를 부지런히 닦음을 얻는다.

불자들이여, 보살마하살이 열 가지 결정한 지혜가 있다.

무엇이 열인가?

이른바 가장 높은 결정한 지혜이니 존중한 선근을 심는 까닭이며, 장엄하는 결정한 지혜이니 갖가지 장엄을 출생하는 까닭이다.

넓고 큰 결정한 지혜이니 그 마음이 일찍이 좁고 하열하지 않은 까닭이며, 고요한 결정한 지혜이니 능히 매우 깊은 법의 성품에 들어가는 까닭이다.

널리 두루하는 결정한 지혜이니 발심이 미치지 않는 곳이 없는 까닭이며, 감당하는 결정한 지혜이니 부처님의 힘으로 가지함을 능히 받는 까닭이다.

견고한 결정한 지혜이니 일체 마의 업을 꺾어 부수는 까닭이며, 밝게 결단하는 결정한 지혜이니 일체 업과 과보를 밝게 아는 까닭이다.

앞에 나타난 결정한 지혜이니 뜻을 따라서 신통을 능히 나타내는 까닭이며, 이어가는 결정한 지혜이니 일체 부처님 처소에서 수기를 얻는 까닭이며, 자재한 결정한 지혜이니 뜻을 따르고 때를 따라서 성불하는 까닮이다.

이것이 열이다.

만약 모든 보살들이 이 법에 편안
히 머무르면 곧 여래의 위없는 결정
한 지혜를 얻는다.

불자들이여, 보살마하살이 열 가
지 결정한 지혜가 있어서 모든 세계
를 안다.

무엇이 열인가?

이른바 일체 세계가 한 세계에 들
어감을 알며, 한 세계가 일체 세계에

들어감을 안다.

일체 세계에 한 여래의 몸과 한 연꽃 자리가 모두 다 두루함을 알며, 일체 세계가 다 허공과 같음을 안다.

일체 세계가 부처님의 장엄을 갖춤을 알며, 일체 세계에 보살이 가득함을 알며, 일체 세계가 한 모공에 들어감을 안다.

일체 세계가 한 중생의 몸에 들어감을 알며, 일체 세계에 한 부처님의 보리수와 한 부처님의 도량이 모두 다 두루함을 알며, 일체 세계에 한

음성이 널리 두루하여 모든 중생들
로 하여금 제각기 밝게 알아서 마음
에 환희를 내게 함을 안다.

　이것이 열이다.

　만약 모든 보살들이 이 법에 편안
히 머무르면 곧 여래의 위없는 부처
님 세계의 넓고 큰 결정한 지혜를 얻
는다.

　불자들이여, 보살마하살이 열 가
지 결정한 지혜가 있어서 중생계를
안다.

무엇이 열인가?

이른바 일체 중생계가 본래 성품이 실체가 없음을 알며, 일체 중생계가 모두 한 중생의 몸에 들어감을 알며, 일체 중생계가 모두 보살의 몸에 들어감을 알며, 일체 중생계가 모두 여래장에 들어감을 안다.

한 중생의 몸이 일체 중생계에 널리 들어감을 알며, 일체 중생계가 모두 감당하여 모든 부처님 법의 그릇이 됨을 알며, 일체 중생계에 그 하고자 하는 바를 따라서 제석과 범천

과 호세사천왕의 몸을 나타냄을 안
다.

　일체 중생계에 그 하고자 하는 바
를 따라서 성문과 독각의 고요한 위
의를 나타냄을 알며, 일체 중생계에
보살의 공덕으로 장엄한 몸을 나타
냄을 알며, 일체 중생계에 여래의 상
호와 고요한 위의를 나타내어 중생
들을 깨우침을 안다.

　이것이 열이다.

　만약 모든 보살들이 이 법에 편안
히 머무르면 곧 여래의 위없는 큰 위

신력의 결정한 지해를 얻는다."

〈대방광불화엄경 제56권〉

회
향
송

아차보현수승행
무변승복개회향
보원침익제중생
속왕무량광불찰

시방삼세일체불
제존보살마하살
마하반야바라밀

我此普賢殊勝行
無邊勝福皆迴向
普願沈溺諸眾生
速往無量光佛剎

十方三世一切佛
諸尊菩薩摩訶薩
摩訶般若波羅蜜

大方廣佛華嚴經
부록

·

대방광불화엄경 목차

·

간행사

대방광불화엄경
목차

간 행 사

　귀의삼보 하옵고,

　『대방광불화엄경』의 수지 독송과 유통을 발원하면서 수미정사 불전연구원에서 『독송본 한문·한글역 대방광불화엄경』과 『사경본 한글역 대방광불화엄경』을 편찬하여 간행하게 되었습니다.

　『화엄경』은 우리나라에 전래된 이래 일찍부터 사경되고 주석·강설되어 왔으며 근현대에 이르러서는 『화엄경』의 한글 번역과 연구도 부쩍 많이 이루어졌습니다. 그만큼 『화엄경』이 우리 불자님들의 신행과 해탈에 큰 의지처가 되었던 것임을 알 수 있습니다.

　『화엄경』을 독송하고 사경하는 공덕은 설법 공덕과 함께 크게 강조되어 왔습니다. 그리하여 수미정사 불전연구원에서도 『화엄경』(80권)을 독송하고 사경하는 데 도움이 되도록 한문 원문과 한글역을 함께 수록한 독송본과 한글역의 사경본 『화엄경』 간행불사를 발원하였습니다. 이 『화엄경』 간행불사에 뜻을 같이하여 적극 후원해주신 스님들과 재가 불자님들께 깊이 감사드립니다. 또한 『화엄경』을 수지 독송할 수 있도록 경책의 모습으로 장엄해 주신 편집위원들과 담앤북스 출판사 관계자들께도 고마움을 표합니다.

　끝으로 이 불사의 원만 회향으로 『화엄경』이 널리 유통되고, 온 법계에 부처님의 가피가 충만하시길 기원드립니다.

　나무 대방광불화엄경

불기 2564년 '부처님오신날'을 봉축하며
수미해주 합장

위태천신(동진보살)

수미해주 須彌海住

호거산 운문사에서 성관 스님을 은사로 출가, 석암 대화상을 계사로 사미니계 수계, 월하 전계사를 계사로 비구니계 수계, 계룡산 동학사 전문강원 졸업, 동국대학교 불교대학 및 동 대학원 졸업, 철학박사, 가산지관 대종사에게서 전강, 동국대학교 불교대학 교수, 동학승가대학 학장 및 화엄학림 학림장, 중앙승가대학교 법인이사 역임.
(현) 수미정사 주지, 동국대학교 명예교수.
저·역서로『의상화엄사상사연구』,『화엄의 세계』,『정선 원효』,『정선 화엄 1』,『정선 지눌』,『법계도기 총수록』,『해주스님의 법성게 강설』등 다수.

사경본 한글역

대방광불화엄경 제56권

| 초판 1쇄 발행_ 2025년 5월 24일

| 엮 은 이_ 수미해주
| 엮 은 곳_ 수미정사 불전연구원
| 편집위원_ 해주 수정 경진 선초 정천 석도 박보람 최원섭
| 편 집 보_ 무이 무진 지욱 혜명

| 펴 낸 이_ 오세룡
| 펴 낸 곳_ 담앤북스
　　　　　서울특별시 종로구 새문안로3길 23 경희궁의 아침 4단지 805호
　　　　　대표전화 02)765-1251 전자우편 dhamenbooks@naver.com
　　　　　출판등록 제300-2011-115호
| ISBN_ 979-11-6201-535-3 04220